JN412005

삶은 상처보다 깊었다

삶은 상처보다 깊었다

초판 1쇄 인쇄 | 2025년 12월 11일
지은이 | 강 원
펴낸이 | 이재욱(필명:이승훈)
펴낸곳 | 해드림출판사
주 소 | 서울 영등포구 경인로82길 3-4(문래동1가 39)
센터플러스빌딩 1004호(07371)
전 화 | 02-2612-5552
팩 스 | 02-2688-5568
E-mail | jlee5059@hanmail.net

등록번호 제2013-000076
등록일자 2008년 9월 29일

ISBN 979-11-5634-664-7

강 원 시집

삶은 상처보다 깊었다

해드림출판사

머리말

소금꽃으로 피어난 삶의 노래

창문 너머로 장군도 섬이 지금도 여전히 보입니다. 봄이면 벚꽃이 흐드러지게 피어나는 그 섬, 어린 시절 뱃삯 20원에 나룻배를 타고 찾았던 작은 섬입니다. 기우뚱거리던 뱃머리에서 파도와 맞서던 제 모습이 아직도 선명합니다. 그날, 바닷물에 흠뻑 젖은 어깨 위로 벚꽃잎과 소금꽃이 함께 흩날렸습니다.

그러나 제 삶은 그 섬처럼 잔잔하지 않았습니다.

열두 살 어린 나이에 생계를 유지하기 위해 가구 목수 일을 시작해야 했고, 그 순간부터 공부 대신 세상이라는 거친 바다와 맞서 싸우며 버텨야 했습니다.

삶은 늘 몰아치는 파도 같았고, 저는 그 속에 휩쓸리지 않으려 안간힘을 다했습니다. 쉰을 훌쩍 넘어고향으로 돌아와 바다가 내려다보이는 산기슭의 작은 농막에 짐을 풀었습니다. 해거름이 일찍 내려앉는 산그늘 탓에 3월의 바람은 차가웠지만, 노을빛으로 물드는 바다를 바라보며 청솔가지를 불 속에 넣을 때마다 제 삶 또한 활활 타오르는 듯했습니다. 그렇게 살아낸 세월을 담기에는 한 권의 시집이 부족할지도 모릅니다. 하지만 이 책에 실린 시 한 편, 한 편마다 지난날의 기억과 사연이 고스란히 깃들어 있습니다. 길고도 짧은, 제 삶의 이야기들입니다.

초등학교 3학년 무렵, 처음으로 문학의 꿈을 꾸었습니다. 그때 썼던 첫 시의 한 구절은 지금도 제 마음속에 생생히 살아 있습니다.

아지랑이 가물가물
잡으려 가면
언덕 넘어로 사라진다

이 시는 제 생애의 첫 작품이자, 영원히 잊히지 않을 가슴 속의 노래입니다. 첫 시집 "소금꽃이 녹아내린 삶"은 부족한 점이 있어 "삶은 상처보다 깊었다" 개정판으로 다시 독자 여러분께 선보이게 되었습니다.

제 삶을 관통해 온 소금꽃처럼, 이 시집이 독자님의 마음속에도 깊은 울림으로 피어나기를 소망합니다.

2025년 12월

강 원

차례

1

2

3

4

5

6

1

마음의 상처가 더 아팠다

꽁보리밥 몇 숟갈,
묵은김치 꾸역꾸역 삼키고

옆구리 찢어진 낡은 고무신
빈 보자기 어깨에 둘러메고

소년은 삐걱거리는 녹슨 대문을 밀고
집을 나선다

좁은 골목길, 아침 햇살 사이로
재잘거리는 동무들은 학교로 향하는데

나는,
조약돌 밟히는 갯가 길로 향한다

아이들이 운동장에서 뛰노는 동안
내 하루는 파도 소리였다

검은 연기 토해내며 나아가는 배
숫자 놀이 삼아 갯돌을 던지면
성난 파도 거품 물고
해안으로 밀려오고

햇살 좋은 날이면 파래를 뜯어말리고
해삼, 멍게라도 주워 먹는 날이면 그날은 잔치였다

정오의 사이렌이 울리고,
학교 종소리마저 들려오면
빈 보자기에 갯바람만 담아 집으로 향한다

그러다, 그만 갯바위에 미끄러져
고무신을 바다에 빠뜨리고 말았다

덜컥, 겁이 났다.
저승사자보다 무서운 어머니의 노성,

그 목소리가 떠올라 바위 위에 주저앉았다

찢어진 무릎, 속살이 드러나도
아프다고 말할 수 없었다

가난은,
몸의 상처보다 마음을 더 아프게 했다

쇠똥구리 소년의 하루

소년은 소달구지를 따라가며
흙밭에 툭, 툭 떨어지는 쇠똥을 주웠다
그것은 곧 소년의 놀이였다

그러던 어느 날
쇠똥구리 친구를 만났다
작은 쇠똥구리는 소년의 벗이 되어
자기 몸보다 큰 짐을
밀고 당기며 묵묵히 굴려 나갔다

소년은 그 곁에서 배운다
넘어져도 다시 굴리는 끈기
한 줌 흙바닥에서도 빛을 찾는 지혜

쇠똥구리의 하루는 결코 가볍지 않았고
소년의 하루 또한 결코 가볍지 않았다

적막한 골목의 시간

굴착기 굉음이 하늘을 찢고
골목의 뼈마디가 뒤집힌다
땅속 깊이 얽힌 관들은
낡은 기억을 토해낸다

빈집의 창은 닫혀 있고
아이 웃음은 멎은 지 오래
노인들 소리만 담을 넘는다

빛바랜 노란 완장은
골목의 맥박을 지켜내듯 서 있고
닫힌 문틈에는 어둠이 흐른다

길 위엔 상처가 겹겹이 쌓여
오래된 흉터처럼 남고
골목은 묵묵히 침묵하며
자신의 어제를 기억한다

품어야 빛이 난다

아직 눈조차 뜨지 못한 갓난아기
어머니의 따스한 품에서
숨결처럼 젖을 찾는다

사진사의 눈빛은
달빛을 품고, 별을 품고
꽃과 나무, 태양과 구름,
바람과 새까지 품어
한 장의 삶으로 남는다

작은 꽃병은 맑은 물을 품고
그 안에 스며든 공기와 꽃,
그리고 사람의 마음까지 담아낸다

감정은 몰입의 순간조차
온전히 끌어안는다

소년의 겨울은 혹독했다

겨울은 어찌 이리도 슬픈지
지져진 검정 고무신도 울고
학교 가지 못한 소년도 함께 운다

세상 해져 나가는 법을 먼저 배웠다
공부보다 먼저, 먹고살 궁리를 했다
물질 담보로 세상에 내동댕이쳐졌다

친구들은 책가방 메고 학교에 가고
소년은 옆구리에 도시락을 끼고
가구 공장으로 들어간다

불을 지피는 일도 기술이라 말하는 선생님들
그 불 붙들며 눈물과 콧물을 쏟아야 했다

아교풀을 녹이는 일도 기술이라 했다
그 끈끈한 풀로 세상 모든 걸 붙일 수만 있었다면

물컹한 내 마음도 붙여 놓았을 텐데
내 몸마저 아교풀 속에 녹아내렸다

집에 가는 시간은 늘 늦어지고
대패 날 연마하는 일이 먼저였다
혹독한 겨울은 나를 또 한 번 슬프게 했다

끓인 물 다 버리고 떠난 선생님들이 야속했다
손가락은 동상에 터져도
칼국수 한 사발로 배를 채웠던 그 겨울날을
소년은 지금도 잊지 못한다

눈꽃을 먹는 작업복

바닷바람이 휘몰아치며
눈꽃을 흩뿌리는 작업장
공장 굴뚝은 하늘을 지워버릴 듯
먹빛으로 길게 솟아 있다
눈이면 어떠랴, 바람이면 어떠랴
몸은 거친 로프에 매달리고
손끝에 잡히는 건
얼음처럼 식어버린 쇳덩이뿐
차가운 쇠 파이프를
한 올 한 올 엮어 올리면
그 위에 제비집 같은 둥지가
느릿느릿 자라난다
얼어붙은 몸이 삐걱대며 움직여도
포기란, 내 입술에 얼어붙지 않는다
허공에 흔들리는 작업복이
첫눈을 삼키며
겨울 하늘 속으로 녹아든다.

이유 있는 삶

아,
세상이 뻔뻔해지니
버티고 사는 일조차 팍팍하다

다들 뛰는데 말들은 없고
소진된 시간만 널브러져 있다

다리, 허리, 마음마저 풀려
이제는 지칠 만도 하다

닳아 부서진 웃음 조각을 치우다가
손끝까지 찔려 아프다

출발선에 부는 사연

오전 5시 6분,
새벽 기차를 타기 위해
어스름한 골목을 빠져나온다

출발역의 기차는
긴 철로에 몸을 누이고 숨을 고른다

첫 기차를 기다리던 사람들이
물밀듯이 밀려들고

객차 문이 열리자
갯바람, 짠 해초 냄새가
앞서 들어와 자리를 잡는다

창문에는
별빛, 달빛, 가로등 빛이
나란히 앉아 함께 간다

아름다운 아저씨들

새벽을 깨우는 소리
음식물 수거통 굴러가는 소리
묵직하게 울리는 발소리

어둠 속 골목을 지나며
잠든 도시의 숨결을 흔든다

스티커를 찾는 눈빛이 두리번거리고
텅, 텅, 빈 수거통을 털어내는 소리는
골목을 넘어 멀리 퍼져나간다

출근길, 마주친 그에게
미안한 마음에 음료수 건네며
작은 눈웃음을 지었다

세월은 나를 따라다닌다

아득히 펼쳐진 생의 길
굽이돌며 흔들리던 그 길 위에
희로애락의 감정들이
밤하늘 별빛처럼 스며 있었다

아, 나의 생애여
긴 세월의 강물을 헤치며
웃음은 꽃이 되고 눈물은 강이 되어
멀고도 험한 길을 건너왔구나

지나온 날들은
빛바랜 흑백사진처럼 스쳐 가고
다시는 되돌릴 수 없음을
가슴 깊이 새삼 깨닫는다

문득 걸음을 멈춘 이 순간
앞으로 남은 세월은 과연 얼마나 될까

헤아릴 수 없는 시간 앞에서
나는 오늘 하루를 새로이 살아간다

겨울은 혹독했다

어머니의 입술에 늘 맴돌던 한마디
너는 밥이라도 먹고 사느냐
그 직감은 한 번도 틀린 적이 없었다

노동판에서 배부른 날이 있었던가
벌어야 먹는다는 삶을 나는 너무도 잘 안다
목수는 굶주릴 일 없다 했건만,
현실은 언제나 비참했다

입에 넣는 밥알의 질감조차
내 운명처럼 무거웠다
찬밥, 더운밥 가릴 것 없이
살기 위해 일하고 또 일어섰다

겨울이면 공사판도 동면에 든다
목수의 긴 겨울은 혹독했고

한 푼 두 푼 모은 돈이 바닥나면
동네 점방을 찾아,
외상장부에 이름을 적어 놓는다

연탄 두 장 새끼줄에 꿰어 들고
쌀 한 되 누런 봉지에 담아 옆구리에 끼고서
누런 종이에 둘둘 만 돼지기름 덩어리를 들고
집으로 가는 발걸음이 무겁다

봄은 언제 오는가, 언제 오는가
날마다 공중전화 앞에 서서
낡고 헌 수첩만 뒤적인다
기약 없는 기다림 속에
이 혹독한 추위만 빨리 지나가기를 바랄 뿐이다

멈춰 서서

삶이 왜 이리 무거운가
뼈마디가 비명을 지르는 건
잠시 멈춰 섰기 때문인가

오직 한 방향으로만 달려온 나
멈추는 법을 잊은 몸이 서럽다

저무는 해처럼
살아갈 날이 짧아지고
시든 꽃처럼 몸은 스러진다

그러나 이 아픔조차
살아온 날들의 증표이자
고단했던 삶의 훈장이다

그림자 뒤편에서

산책 나온 사람들
새들의 재잘거림 사이
바스락, 바스락

도란도란 웃음꽃 피우며
손 맞잡고 걷는 노부부
금실 좋은 그 모습 그림자마저 다정하다

노인의 뒤를 따르는 노파
걸음을 놓치지 않으려
노인의 그림자를 좇는다

잠시 힘겨운 발걸음을 멈추고
등나무 의자에 몸을 내려놓고
윤슬 빛이 노인들의 등을 감싸고
오솔길 단풍은 빛을 머금어 반짝인다

정차역

우레 같은 화통 소리
낡은 간이역은 저마다의 사연으로 뒤섞이고
기다림은 짙은 안개처럼 내려앉는다

허리 굽은 노인의 발걸음
봇짐 위로 켜켜이 쌓인 세월의 무게
노파의 거친 손에 매달린 짚으로 엮은
달걀 한 줄 삶의 희망처럼 흔들린다

나는 빈손으로 서 있다
오직 젊음, 몸 하나로 인생 열차는
이 작은 간이역에서 출발한다

저마다 다른 속도로 흘러가는 시간
열차의 바퀴 소리에 몸을 싣고 떠난다
길은 정해지지 않았다 종착지는 없다
내리고 싶은 곳이 나의 정착지
그리고 새로운 출발지다

삶의 빛

햇살이 온몸을 감싸도
겨울은 차디차다
시린 코끝에 닿는 겨울 향기
작은 방 구들장 온기에 기대어
겨울을 나는 사람들

지친 삶의 소리
목 터지라 외쳐봐도
메마른 눈물 끝내 터져 흘러
세상 가득 번져간다

세상 머뭇거릴 틈 없이
시간은 우리를 흩뜨리고
지붕을 쓰다듬는 달빛도
유리창에 부딪혀 흩어지는 별빛도
마지막, 시린 마음의 겨울을
살며시 쓰다듬는다

빈 의자

이끼 낀 돌담 아래
낡은 나무 의자 하나, 둘

사계절 내내 따스함을 품고
오가는 발걸음을 붙들었네

길 가던 이웃들 잠시 멈추어 앉아
숨 고르고 마음 풀던 곳,
그렇게 골목에는 쉼터가 생겼다

어머니도, 이웃 노파도
낡은 의자에 기대어 세상의 짐을 내려놓았네
사람들은 그곳을 노인의 쉼터라 불렀다

사람들은 그곳을
노인의 쉼터라 불렀다

그러나,
집들이 하나둘 헐릴 때마다
노인의 발걸음도 사라지고

노란 완장을 차고 오가던 노파도
평생 골목을 지키던 주막집 노파도
더는 보이질 않네

제비꽃 피기 전 조용히 떠나신 어머니,

이제, 골목에는 낡은 의자 두 개만 남아
더는 앉을 이도, 담소 나눌 이도 없네

빈 의자 위로 앞집 노파의 빨래만
바람에 펄럭일 뿐

봄을 파는 장터

오일장,
비빔밥 향기 번져 오는 장터,
천변 따라 늘어선 난전의 소리들

첫차를 타고 온 노파들의 발걸음이
어우러져
푸릇푸릇한 봄맛이 거래되기 시작한다

길목마다 자리다툼
혼잡 속에서도 정은 넘쳐 흐른다

주인 없는 바닥에 노파는 철퍼덕 앉아
싸 온 시금치, 봄동, 쑥, 냉이를
소박하게 펼쳐 놓는다

시들해진 나물들을 가만히 어루만지며
이것이 뱃멀미해서 그렇지 괜찮아

말끝마다 덤을 얹어 한 움큼 더 내어주고
검정 봉지 입을 벌려
바다 내음까지 담아 건넨다

첫 개시라며 돈에 침 묻혀
머리에 쓱 문지르는 노파

찬바람 속에 사람들은 무심히 스쳐 가고
노파의 봄 강연은 천변 바람 속으로
흩어져 버린다

먹고사는 일이 없었다면

먹고사는 일이 서러울 때가 있습니다
밥은 죽는 날까지 이어가야 하는 것
진저리나게 일해야 겨우 얻는 하루의 삶입니다

선달그믐날, 바닷바람이 뼈를 때리던 날
위험한 일을 마다할 수 없었습니다
일용직 노동자의 내일은
기약이 없었으니까요

찬바람 속 비계 틀을 허물다
손발도 마음도 저렸습니다
뒤엉킨 현장, 결국 무릎은 꺾였습니다

먹고살려고 애쓴 하루
그 끝은 씁쓸했습니다
어머니 임종을 앞둔 선달그믐날
나는 병원에 누워 있었습니다

나는 목수였다

시간의 그늘에
흙 위에 그은 늙은 선 하나,
그것은 삶의 설계도였다

돌을 주춧돌 삼아
기둥을 세우고 보를 얹으며
마침내 지붕이 빛을 받을 때
질서 속에서 집은 숨 쉬었다

기초 없는 집은 오래 서지 못한다
그 목소리가 칼날처럼 파고들어
내 안의 허술한 세월을 베어냈다

나는 기억한다
무너져 내리던 수많은 삶의 집들
상처로 가득한 채 흔들렸지만
다시 마음 다듬어 주춧돌 삼으리라

정을 파는 장날

튀밥이요- 펑!
하얀 쌀 튀밥 수천 개
서로 뒤엉켜
그물 통발 속으로 좌르르 빨려 들어간다

튀밥 소리에 깜짝 놀란 사람들
웅성웅성 발길을 멈춘다

먼저 온 노파와
늦게 온 장돌뱅이 사이,
목 좋은 자리를 두고 다툼이 벌어진다

노파는 길바닥에 묵직한 보따리를 풀어놓으니
그 속에서 봄 향기가 풀풀 피어난다

생선 장수 도마 위,
은빛 생선들이 줄지어 누워 있다

아낙네 손에 무쇠 칼이 춤추듯 허공을 휘젓고
갈치, 고등어, 명태는 도마 위를 구르며
동강 난 몸뚱이로도
누군가의 밥상 위, 귀한 몸이 된다

계절 잃은 과일 향기 앞에
시선이 머문다

왕사탕은 저울이 그 값을 정하고,
제철 야생화와 어린 과실수들은
새로운 터전을 찾아
꽃과 열매의 시간을 준비한다

농약 집 앞엔 사람들이 바글바글,
좋은 모종을 차지하려 몸싸움이 벌어지고
골라 골라 외치는 소리에
행인들이 몰려든다

장을 마친 노파의 두 손,
묵직한 보따리에서
삶의 울림이 고스란히 전해오는
오늘은, 정을 파는 장날이다

2

나는 언제나 그 자리

네모지고 삐뚤어진 몸으로 나는
세상과 맞닿아 있다
모든 발자국을 사랑으로 품고
밤낮없이 고요히 길 위에 서 있다

새벽, 청소부의 빗자루 소리에
가슴이 환하게 노동자의 땀 어린 걸음,
학생의 씩씩한 발자국은
내 마음을 흔드는 잔잔한 노래

노파의 유모차는 한 편의 인생 같고
진흙 묻은 신발도 삶의 무게와 같다
움직일 수 없는 나는
세상과 이어지는 길, 그 자체다

봄이면 벚꽃잎이 가만히 나를 감싸고
겨울엔 하얀 눈이 포근하게 덮어준다

밤이 오면 달빛과 별빛이 찾아와
내 곁을 고요히 지켜준다

번역할 수 없는 삶

세상 어떤 일인들 쉬운 게 있으랴
스스로 찾아 나서지 않으면
그저 굴러다니는 나무토막일 뿐

그저 온 것은 하나도 없어
부지런히 발품 팔아야만
비로소 다가설 수 있네

삶의 무게를 잴 수 없다는 것은
붉은 신호등 아래 잠시 멈추고
녹색 신호등 아래 서둘러 지나가고
신호등 없는 길에선 스스로 멈춰야 하네

내세울 것 하나 없어도 할 말이 많으니
인생의 굽이굽이 얽힌 이야기들이 많아서
텅 빈 허공을 안아 본 적 있는가
아마도 쉬이 안을 수 없는 게 세상 이치인 거야

땀

숨을 헐떡이며 집으로 왔다
실외기가 땀을 흘린다
너도 오늘 퍽이나 뜨거운 열기 품고
홀로 견뎌냈겠다

먹고사는 일 팍팍한 세상
집마다 에어컨은
수호신처럼 제자리를 지킨다

옥상에도 건물 벽에도 땅바닥에도
아무렇게나 매달린 너를 본다

흘린 땀을 모아두지 않는 너
나도 그렇다

노동자의 불꽃

어둠 짙고 별은 저만치
그대 손끝에서 은하수 터지듯
작은 불씨 하나, 둘,

밤의 장막을 찢고 번져가는
흔들림 속 격렬한 불꽃이여
공단의 밤하늘 노동의 불꽃 출렁이네

찬 바람 스미는 작업복
그대 숨결은 뜨겁게 빛을 좇네
추위도, 더위도, 밤낮없이
타오르는 그대의 불꽃

잠깐의 쉼도 아쉬운 긴 밤
내일의 희망을 꿈꾸게 하네
어둠을 밝히는 그 빛은
마침내 그대 영혼의 불꽃이어라

내 몸이 나이다

구겨진 흔적들
돌 씹히듯 부서지는 소리
앞만 보고 달려온 세월이
몸에 새겨 놓은 무늬

쉰엔 청춘이라 웃었지만
육십 넘어 돌아보니
세상은 변했고 몸은 무너졌다
덜컥 그림자가 앞선다

내 몸이 나임을 깨닫는다
나 아니면 누가 나를 돌보랴
사랑은 자신을 보듬는 일
숨 쉬며 살아가는 것

결국 삶은 나를 사랑하는 것이다

강한 삶

쇠는 달궈져야 단단해지고
태풍을 겪어야 바다가 깊어지듯
옹이 박힌 나무가 더 강해지듯
아픔 없이는 단단해질 수 없음을 깨닫는다

더 강해지고 싶었지만
마음 한쪽은 늘 허전했다
채워도 채워도 가벼운 삶은
무심한 세월 앞에 무너져 내렸다

날벼락처럼 스치는 시간을
그저 흘려보내야 하는 줄
이제야 알았다

세상 마디마디 박힌 상처의 흔적들이
썩지 않는 옹이처럼 내 안에 박혀
삶의 아픔을 견딜수록
내 마음을 더 강하게 만들고 있다는 것을

삶은 둥그러야 굴러간다

바큇살에 스민 고단한 시간들
햇살에 반짝이며 서사가 된다
쇳소리 바람에 실려 돌고
기계의 굉음 속 두 바퀴는 노래한다

흩어졌다 다시 모이는 꿈들이
하나의 원을 그릴 때
작은 삶 속 꺼지지 않는 불빛
녹슨 바큇살 희생의 흔적이지만
그 위 희망은 결코 녹슬지 않는다

공장 담장 너머 파고드는 봄바람
노동자의 가슴에 새 계절을 불어넣는다
봄을 실은 자전거 서너 대 멈춰 설 때
쉼 속의 꿈들이 서로를 감싸고
두 바퀴의 노래가 세상을 적시네

세월

육십이 엊그제인데
일흔이 더 가깝다니

삶을 찾아
더듬거리며 살아온 날들
따질 것도 없이
앞만 보고 달려왔는데

아,
경륜이 쌓일 때쯤
나이도 겹겹이 쌓이고 화가 난다

이젠 나를 위해 좀 쉬자
누가 나를 돌보겠는가

밥을 분양받는 사람들

빌딩 숲 아래,
어둡게 뻗어 내려간 땅굴 속
그 속에는 남녀노소
얇은 종이 상자 집을 짓고 사는 사람들이 있다

아침 햇살이 일렁이면,
그들은 출근하듯 땅 위로 올라와
사람들로 붐비는 곳에 자리를 잡는다

역 광장 벤치 위에 모여
밤새 얼룩진 서류 뭉치를 풀어내고
추위에 시달린 몸은
희석식 소주 몇 잔으로 겨우 온기를 되찾는다

그렇게 맞이하는 역 광장의 아침,
곳곳에 소란이 끊이지 않는다
소주가 몸을 잠식해 들어올 때마다

주체할 수 없는 광경들이 펼쳐지고
그것은 그들의 일과가 된다

하지만 그들에게도 꼭 지켜야 할 규칙 하나 있다
점심 한 끼만은,
반드시 따뜻한 밥을 먹어야 한다는 것이다

정오 때쯤이면 아침에 흩어졌던 사람들이
비탈진 골목길을 터벅터벅 걸어 올라온다

삶의 희망조차 바래버린 창백한 여인,
거친 숨을 몰아쉬는 노인,
화석처럼 굳어 미동조차 없는 등이 굽은 노파,
술에 취해 위협적인 젊은이,
그리고 한탄에 찬 목소리를
먼 우주로 날려버리는 중년 신사도

밥을 분양받기 위해 모여든 사람들의 긴 행렬이
좁은 도로를 가득 메운다
이 시간만큼은 모두가 천사처럼 순해진다
밥을 분양받지 못할까 두렵기 때문이다

따뜻한 밥 한 공기
그것을 서둘러 먹어 치우는 사람들

한 노파는 보따리를 풀어
남은 밥을 조심스레 담는다
그것은 그녀의 저녁밥이 된다

한 끼 밥에 스스로
노숙자라 낙인찍어야 하는 사람들

다른 선택조차 없다는 듯,
허기진 배를 채우고 나면
다시 빌딩 숲 속으로 조용히 모습을 감춘다

삶의 무게를 견디는 힘

차가운 칼날이 나를 겨누고
독화살 같은 말들이
심장을 파고들 때

내 삶은 불에 달궈진 쇳덩이
두드릴수록 더욱 단단해진다

묵묵히 걸어가는 길 끝에서
잃었던 꿈을 다시 만나는 순간
나는 비로소 나답게 산다

괜찮다, 괜찮다
밑 빠진 독에 물 붓듯
허망하게 길을 잃을지라도
홀로 서 있는 순간마저
이 또한 삶의 무게임을 나는 안다

나무 냄새나는 이력서

고단한 삶을 버티려
쌀집 주소를 적고
연탄 가게 전화번호를 빌려 썼다

빛바랜 사진 한 장
흐릿한 생년월일 옆
이름 두 글자

초등학교 중퇴로 멈춘 배움
나무 냄새 밴 목수의 손길은
아직도 나를 증명한다

구겨진 종이 위에
삶을 꾸역꾸역 눌러 담는다

공장 문을 조심스레 넘자
내 이력서를 받아 든 시선이
깊숙이, 내 삶을 파고든다

얼어붙은 날개

아내의 무거운 날개
그 끝이 꺾인 채
허공에 매달려 숨죽인다

밤새 흐느끼는 바람은
상처의 기억을 흔들고
날개는 조용히 신음한다

한때 벌처럼 분주히 나비처럼 고요히
꽃의 향기를 따라 흘러가던 날개여
지금은 멈춘 듯,
시간조차 얼어붙은 듯 보인다

하지만
날개를 감싸는 따스한 숨결이 있어
그 날개는 다시 퍼덕일 것이다
꽃을 향해, 햇살을 향해,
하늘로 가볍게 날아오를 것이다

아이들의 함성

여자만 날물에 갯벌이 알몸을 드러낸다
뭍으로 이어진 달천교를 따라
장대비가 훑고 지나가니
선창에 꽁꽁 묶인 깃발이 출렁인다

장대비가 내린다 어촌 마을에
소박하고 고즈넉한 동네 길을 걸어 오르니
소라초 분교 운동장에 아이들 함성이 들린다

교실에 6학년 2반 문패가 뚜렷하다
책상에 새겨진 이름 석 자가 울림을 준다
흑판에 하얀 분필 가루가 날리는 교실
연탄불 위로 도시락이 층층이 쌓여있다

운동장에 장대비가 쏟아져 내린다
바다도 산도 마음도 고요히 젖는다

빛은 방향을 본다

어둠 짙은 골목길을 걸은 적 있다
발길 잃고 서성일 때
멀리서 번져오는 한 줄기 불빛에
조여 있던 마음이 풀려났다

그 빛은 실낱같은 희망,
절박한 이의 가슴에 스미는 따뜻한 숨결
작디작은 반딧불이라도
어둠 속 길 위에서는 벗이 된다

빛은 크기가 아니라 방향이다
누구도 가리지 않고 품으려는 빛
더 멀리, 더 깊이 스며드는 빛
비틀린 가로등 하나 서서
낮은 몸으로 세상을 끌어안는다

낮 그림자의 울림

빛 쏟아지는 한낮
텅 빈 주차장으로
과일 트럭이 미끄러져 들어온다

정적을 깨는
개미조차 없는 침묵
확성기 소리만 먼저 도착해
마을을 흔든다

짐칸에 얹힌 과일들은
주인 없는 그림자처럼
그대로 멈춰 있는데

외로운 확성기 소리는 공원 한 바퀴 돌아
하늘에 뜬 얇은 구름까지 흔들고
떠날 채비를 한다.

팥죽 위의 달빛

동짓날 하루만큼은 가난도 잠시 잊고
팥죽 한 그릇을 나누어 먹었네

됫박 찹쌀 팥 한 움큼의 서러움을 풀어 넣고
할머니의 거친 손길로 빚은 새알이
가마솥 장작불에 익어 밤을 환히 밝혔네

창호지 문살에 걸린 달빛 따라
밤은 깊어지고, 찬 바람에 문풍지는
밤새 울며 떨었네

달빛이 기운 새벽녘
구들장마저 식어버린 아랫목에
놓아둔 팥죽 위엔 살얼음이 끼었고
배고픈 나는 그것을 게 눈 감추듯 먹어 치웠네

찬 바람을 벗 삼아 살아야 했던 가난

그 고통은 정녕 긴긴 동짓날 밤에 내려앉은
묵직한 설움이었네

낡은 검정 구두에게

딸의 첫 월급으로 건넨
검정 구두, 한 시절의 발이 되어
십 년의 세월을 동행하며
삶의 가장 든든한 길동무가 되었다

꽃길 위 웃음이 되었고
장맛비 속을 함께 걸었으며
낙엽 밟던 가을 노을 아래서
눈 내리던 날 추억을 불렀다

너는 낡고 상처투성이 되어
두 번의 수술을 견뎌냈고
이제 다시 마음마저 헐어
또 한 번의 아픔을 준비했다

모든 고통이 끝나면
나는 너를 데리고 가리라

너를 내게 선물한
그 소중한 주인 곁으로

나만의 속도로

느려도 괜찮아
그 길이 보이지 않아도
나는 나만의 속도로 걸어왔으니

내 길은 반드시 찾고 싶어
잡초처럼 밟혀도 흔들려도
나는 끝내 다시 일어서 걸어갈 거야

상처는 향기가 되고
흔들림은 뿌리가 되어
평생 흔들리고 아파도
내 걸음은 멈춘 적이 없어

이제는 조금 더 힘차게 걸어도
나는 조급해하지 않으리라
짓밟힌 자리에서도 다시 피어나는
잡초처럼, 꿋꿋하게 걸어가리라

묵묵히 기어가는 사람들

소음과 분진,
기름 냄새로 가득한 세계
올려다볼 수도,
내려다볼 수도 없는 그곳에서
그들은 오직
날숨과 들숨으로 버팁니다

삶은 버티는 숨결,
자신을 비워내는 시작이라 했던가
노동자도 살아야 하기에
오늘도 숨을 쉽니다

그리고 오늘도,
쇠보다 강한 꽃이 되고 싶습니다
민들레처럼

3

빗방울 무늬

차창 위에 번진 빗방울 무늬
꽃가루일까, 먼지일까
굴 껍데기처럼 달라붙었다

투명한 점, 점, 점
와이퍼가 스쳐 가도
흔적은 지워지지 않고
더 짙은 물결로 번져
유리를 깊게 적신다

아내는 웃고,
웃다 멈추고,
그 미소의 가루마저
차창 위에 흩뿌려 앉는다

서리꽃

자투리 밭 마른 고춧대 위
하얗게 한숨 쉬는 서리
꽃이 되어 내려앉네

여린 잎사귀는
세상의 차가움을 온몸으로 받아내고
붉은 고추 하나
서리 바람에 툭, 떨어진다

서리꽃, 그 순간마저 미소로 남아
삶의 마지막 불꽃을 태우고
차갑게 번지는 그 무늬가
내 안의 기억을 흔들어 깨우네

얼마나 많은 떠남이
얼마나 많은 꽃이
이처럼 지고 피어왔던가

느릿한 세상도 있었다

방구석 먼지 쌓인 채
오랜 침묵에 잠긴 낡은 카세트
이제는 고운 소리 낼 수 없을 것 같아
멈춰버린 시간 속에
방을 뒤져 찾아낸 낡은 테이프를
조심스레 너의 품에 안기니
세월을 거슬러 느릿하게 돌아간다
그 모습이 신기하고
우스워 피식 웃음이 난다
이토록 느린 세상도 있었지
노래가 울림을 주다
목이 멘 듯 뚝 끊어지고
뒤엉킨 필름처럼 모든 것이 멈춰 버렸다
똘똘 말아 테이프를 다시 집어넣는다
느릿하게 흐르던 그 시절이
가끔은 그리워진다

꽃잎이 날아간 곳은

하늘이 풀어놓은 자욱한 안개
벚꽃잎 위에 내려앉아
꽃술은 가만히 떨고 있네

꽃샘바람 타고
추한 모습 보이기 싫어
노랑 파랑 우산 위로 떨어지는 꽃잎들

어떤 꽃잎은 달리는 차 창 속으로 숨어들고
어떤 꽃잎은 흰 눈발처럼 내려와
사람과 차바퀴에 짓밟히기도 하네

가벼움에 떨지 않는 꽃잎처럼
아름다운 꽃말의 사랑을 나누자
안개비에 젖은 꽃잎
애틋한 봄날의 슬픈 이야기네

경계 없이 피어난 꽃

담장 없는 벽과 벽 사이
벽 틈새에 나팔꽃 한 송이
누구의 꽃인지 물어볼 새도 없이

덩굴은 경계도 없이
이 집 저 집 벽을 타고 올라
연푸른 꽃 두 송이
청자색 꽃을 피우며 환하게 웃네

골목을 가득 채운 나팔꽃은
아름다움이란 평범하지 않은 곳에서
피어나는 것임을 속삭이는 것만 같아

붉은 꽃

한 줌의 빛조차 서지 못하는 그늘에
메마른 명자나무 가지 끝에
차가운 숨결 사이로 붉은 꽃봉오리가 맺힌다

어찌하여 이 겨울에
그대는 먼저 피어나려 하는가

스스로 불씨를 지펴 올린 너는
혹여 봄을 잃고 계절을 잊은 것인가
아니면 겨울의 고요를 깨우려는 외침인가

붉은 꽃 속에 숨어 있는 고단함을
누가 다 헤아리랴

잠깐의 붉음으로 세상을 적셔주니
삶은 그리움의 한 조각이다

풍경이 머무는 곳

낡은 지붕 위로
바람이 낙엽을 굴린다

허물어진 담벼락 틈새
작은 들풀이 손을 흔들고
버려진 화단 한쪽에
햇살이 고요히 내려앉는다

꽃이든 풀잎이든
그 자리 그대로
세상 가장 순한 빛을 닮아
모두가 아름답다

무늬

세상은 무늬로 덮여 있다
옷자락의 문양
그을린 얼굴의 흔적
따뜻한 말과 차가운 말이 남긴 결

하늘은 계절마다 옷을 갈아입고
꽃잎과 파도도 각자의 무늬를 지닌다

비에 젖은 그림자
세월을 새기는 나이테
파도에 닳아가는 모래알
그 모두가 다른 문양을 적는다

갈매기 알에도 무늬가 있듯
나의 하루 또한
새로운 무늬로 빛난다

보랏빛 사랑

돌담 틈, 어둠을 비집고
제비꽃 두 줄기 쑥스러운 듯
고개를 조금씩, 조금씩 내민다

가느다란 꽃줄기 위에
보랏빛 나비 한 쌍을 달고
봄바람에 살랑살랑 춤춘다

다 드러내놓고 피는 제비꽃
순진한 나를 보아달라고
사랑의 속삭임을 바람에 풀어놓는다

짝사랑하기에도 짧은 시간
보랏빛 가슴 활짝 열어 적시며
이 봄날에 순진한 사랑을 하자

봄동 파는 봄

겨울을 견뎌낸 푸른 잎사귀
그 안엔 할머니의 깊은 주름처럼
세월이 남긴 짭조름한 기억이 배어 있습니다

봄동이요 할머니의 외침에
등을 돌리던 사람들의 발걸음마다
서걱서걱 울려 퍼지는 소리
어쩌면 봄의 전주곡인지도 모릅니다

당신 손에 담긴 봄동 한 포기
그 안에는 잊어버린 그리움이
혹은 다정한 위로가
살며시 깃들어 있습니다

이 봄이 다 지나고 나면
당신 마음에도 노란 꽃이 피어나겠지요
세상 가장 따스한 봄동처럼

파란 꽃잎 한 장

첫 월급 백 원짜리 한 장
주머니에 쑤셔 넣고
허기진 그림자를 밟으며
시장 골목을 배회하지만

풀빵 냄새, 팥죽 향기
배고픔조차 축제가 되는 곳
유혹의 향기를 뒤로한 채
돌아가는 길

내 작은 주머니 속에는
세상 전부가 들어 있다

파란 백 원짜리 한 장
어머니께 바치는
세상 가장 값진 선물
파란 꽃잎 한 장

사랑을 굽는 시간

바닷바람 몰아치는
시장 골목,
하얀 비닐 바람막이 안 사랑방

마음은 훈훈한 냄새 속
사랑은 조용히 지글거린다

온기를 찾아 모여든 사람들
작고 소중한 이야기들이
호떡처럼 피어난다

아이, 청춘, 아줌마, 아저씨
허리 굽은 노인까지
호호 불며 사랑을 굽는 시간

이 작은 호떡집은
따스한 마음들의 보금자리다

춤추는 빛

아침놀 붉게 번져
수평선을 적시고
빛은 우주를 흔들며 춤을 춘다

붉게 취한 숲
바람결에 흔들리는 어린 단풍잎
동백꽃 또한 더 깊은 붉음으로 물든다

길섶 들풀 위
이슬방울 하나하나가
붉은빛을 머금고
보석처럼 반짝인다

호수 같은 바다 위
양 떼 같은 붉은 구름이 흘러가고
잔잔한 파도 속
통통배는 윤슬의 붉은 무대 위로
천천히 사라진다

소금꽃이 맺은 삶

열기 살아 움직이는
그늘 한 조각 없는 작업장

볼품없는 안전모 하나 눌러쓰고
얽히고설킨 배관 따라
무거운 쇳덩이 옮긴다

살기 위해 일한다
일을 멈추면 더 죽을 맛이다
작업복엔 어느새 하얀 소금꽃 피어난다
다리는 풀리고 숨은 가쁘다
먹고살려니 이 악물고 버틴다

타는 듯한 태양의 열기에 죽을 맛
쓰러지지 않으려면
소금 한 줌 입에 털어 넣어야 한다

말의 정원

말은 향기를 피워내는 꽃
들리는 듯 사라지는 보이지 않는 꽃잎

어떤 말은 뿌리를 내려 단단한 나무가 되고
어떤 말은 바람에 흩날려
저 홀로 사라져 가네

다듬지 않은 말은 날카로운 가시가 되어
마음 깊이 박히고

아름답게 피어난 말은
정원의 싱그러운 꽃 그 향기로 채우네

말은 향기가 될 수도
쓰디쓴 독이 될 수도 있으니
부디, 그대의 정원을 아름답게만 가꾸소서

울림이 있는 삶

시의 대상을 찾으려면
내면을 비워야, 비워낸 자리에서
감동의 시가 피어난다

값비싼 운동화 보다 닳아서 해진 운동화가
더 큰 울림을 준다

보석처럼 빛나는 삶보다
넘어지고 일어선 삶이
더 깊은 울림을 남긴다

시는 햇살을 품은 꽃
바람을 머금은 꽃

시인은 나비의 날개 따라
들꽃에 길을 묻고
이슬방울 모아 풀잎 위에 시를 쓴다

노란 병아리 같은 아이들

개나리꽃 활짝 웃는 봄날
첫돌을 맞은 외손녀는
할아버지 자장가 품에 안겨
새근새근 꿈길을 걷는다

거실 창가 개나리 빛 물결에 마음이 끌려
아이 넷이 얼굴을 맞대며
누가 먼저 꽃을 잡을까
재잘재잘 웃음으로 세상을 채운다

병아리들 손을 잡고
노란 꽃길을 함께 걸어간다
넘어져도 다시 일어나
꽃처럼 환한 웃음을 잃지 않는 아이들

그 모습에 겹치는
아장아장 걷던 내 딸의 옛 기억

시간은 흐르지만
꽃도, 웃음도, 사랑도
세대를 넘어 이어진다

당신의 꽃밭

옛날 당신이
내게 무슨 꽃을 보냈나 싶어
기억 저편을 더듬어
꽃을 찾아보았어요

세월이 지나면
당신이 보낸 꽃들이
비에 젖고 눈 맞고 바람에 흔들려
꺾여있지나 않나 싶어서요

마음속에
당신의 꽃밭을 만들었어요

마르지 않는 눈물방울로
시들지 않게
당신의 몸을 덮어 줄게요

꽃도 아픔이 있다

철조망 울타리를 짓밟고
봄은 끝내 들어온다

겨우내 눈비를 맞으며
모진 바람에 흔들리다
짓이겨진 꽃잎의 상처는
아물지 않은 채 피어난다

상처는 고통이 아니라
다시 피어나기 위한 증거,
침묵 속에서 싹트는
봄의 언어다

복사꽃은 묻는다
아픔 없이 피어나려
그토록 긴 세월을
온몸으로 견뎌냈을까

이룰 수 없는 사랑

붉은 꽃무릇 길 깊은 계곡에 서니
흐르는 물소리 기억만큼 맑아
지난날이 들리는 듯하다

암자 사라진 빈터에 붉은 꽃무릇 길
애달픈 마음처럼 피어 나를 유혹하네

바람이 스쳐 가고 물이 흘러갈 때
조각난 마음은 슬픈 소리 되어
꽃잎에 스미네

차마 놓지 못하는 그대 향한 마음
이 계곡에 화석이 되어
영원히 남고 싶어라

4

삶의 향기는 짜다

봄바람이 피부에 와닿기가 무섭게
보일러 해체 공사를 시작했다
며칠을 식혀도 열기가 가시지 않는 보일러 통
옆에만 가도 후끈거린다
이 쇳덩이를 조각조각 분해하는 일은
뜨거운 열기에 맞서 싸우는 노동자의 몫이다
노동자들의 등에 하얗게 피어난 소금꽃
그 소금꽃이 핀 조끼를 걸치니
내 육체까지 녹아내리는 것 같다
하루하루 일한 대가로 받은
땀을 모아 살아가는 우리 노동자들
흘린 땀이 어찌 짜지 않을 수 있겠는가
된장은 소금이 좌우하고
삶의 맛은 땀이 결정하니까
흘린 땀 한 방울 한 방울이 모여
짠맛 나는 삶을 만드는 거야

변두리의 삶

골목은 모든 것이 멈춘 듯하다
녹슨 대문 위 희미한 페인트 글씨
'개 조심' 경고처럼 선명하다

낡고 녹슨 연탄보일러 통이 오랜 시간
골목을 지켜온 터줏대감처럼 앉아있다

누군가 버린 연탄재에는
아직 온기가 남아 있다

회색 담장에 기댄 녹슨 자전거의
두 바퀴 그림자만 뚜렷하다

빨랫줄에 걸린 낡은 작업복은
기나긴 세월의 무게를 말해주듯
지친 어깨처럼 축 늘어져 있다.

봄비 내린 날

자투리땅을 적시는 빗방울
묵묵히 겨울을 건너온 씨앗들이
숨결처럼 들썩이며 눈을 뜬다

홍매화꽃 한 송이
먼저 깨어나 웃음을 터뜨리니
옆집 노파의 주름진 얼굴에도
꽃잎 같은 웃음이 번진다

담벼락 좁은 꽃밭 위에도
빗물이 고요히 스며들고
붉은 명자나무는
봄빛을 머금어 더욱 단단해진다

비가 내리고
꽃이 내리고
사람의 웃음까지 흩날리니
골목 어귀는 이미 봄으로 가득하다

물결치는 하우스 풍경

햇살이 들녘에 내려앉을 즈음
줄지어 선 비닐하우스 지붕 위로
윤슬 빛이 부드럽게 번져 간다

들녘은 마치 흰 물감을 풀어놓은 듯
햇살 따라 색채의 감정이 흐른다

여린 수박 모종 하나에
열 킬로의 열매를 꿈꾸는 농부들
수박의 꽃말은 큰마음, 큰 뜻
타원형 열매에 꼭 어울린다

성에꽃 핀 하우스 안에서는
수박보다 먼저
사람의 얼굴이 붉게 익는다

들녘에 줄줄이 멈춰 선 설국 열차

붉은 수박을 싣고 언제든 떠날 듯
한 줌 햇살을 껴안은 채 기다린다

봉사자의 손길

기다려 온 봉사의 날
악마 같은 코로나는
여전히 곁을 맴돌며
우리의 시간을 묶어 두었다

요양원 유리창 앞
나는 두 팔을 걷어붙이고
뽀드득 닦아낸 틈새에
그리움이 스며든다

식수대를 소독하며
사물함을 정리하며
비대면의 담장을 허물고 싶다

멀리서 바라보는 어르신들
그 눈빛 속에는
삼킨 외로움이 흘러넘치고
그곳의 어머니는 나를 부른다

글자의 무게

글자의 무게로 맞는다면
책은 숨결이자 고독을 깨는 몸짓
그 무게에 삶이 흔들린다면
이 또한 운명 같은 진리라네

책을 더 가까이, 더 높이 쌓으며
책으로 맞을 용기를 내리라

떨어진 글자 한 획에도
온 마음이 멍들고 저미는 것은
책이 건네는 고통
스스로 감당해야 할 무게때문

책 속 글자들조차 고뇌 끝에 금이 갈 때
비로소 진실의 별이 되어
삶을 바꾸는 무게를 견뎌 낸다면
사랑의 아픔 또한 알게 되리라

답을 찾는 눈동자

잠 설친 새벽,
눈꺼풀에 매달린 예상문제들

며칠을 외워도
문제지 앞에서 눈동자는 흔들린다

흩어진 답을 모아
빈 머릿속에 구겨 넣는다
노동에 빼앗긴 시간,
쪽잠 위에 새겨 외운 흔적들

이름 붙은 책상을 찾아 앉아
어떤 시각적 난관이 기다릴까
눈꺼풀에 걸어둔 문제들을
시험지 위에 풀어놓는다

개구리는 슬퍼서 우는가

메마른 골목 자투리 밭에
슬픔을 적시듯 울음 번진다

비가 와야 운다던 개구리들
물웅덩이도 깊은 강도 없건만
몸을 숨기고 애달프게 운다
청개구리 심보일까

내일 비 소식일까 시끄럽다 한들
적막보다는 따뜻하다
개굴개굴, 개굴

밤마다 자투리 밭에 모여
작은 합창을 건네는 골목길
오늘도 그 소리가 반갑다

역장 놀리

덜거덩, 덜거덩
는개비를 매달고 달리는
경의선 철로 위로
아침이 꿈틀거리며 깨어난다

잠 털고 일어난 아기
어미 젖을 찾는 시간
맑은 눈으로 어미를 바라보다

사내 녀석들 깔깔깔 웃음을 터뜨린다
작은 손, 작은 마음 창문에 매달려
상행선, 하행선, 시간표 따라
수신호를 보내는 순간부터
사내 녀석들은 역장이 된다

밤새 흔들리던 사물들
피곤을 풀 듯 뒤섞이며 는개비 속으로 녹아들고
그 속에서 삶은 다시 하루를 시작한다

그 섬에서 숨 쉬고 싶다

내 안의 번개가 가슴을 찢을 때
푸른 바다 품에 안겨 숨 쉬고 싶다
바람에도 해국꽃은 웃음을 잃지 않고

휘어진 청솔가지 아래
붉은 태양처럼 타오르는 모닥불
잿더미 속에서 익어가는 감자
시간도 천천히 익어간다

검푸른 바다 위 달은 갈고리처럼
내 마음의 상처마다 은빛을 덮어 주니
별똥이 떨어져 파문을 남기면
울림은 가슴에 오래오래 퍼져나간다

풀벌레의 울음에 기대어
손죽도의 밤 흔들림 속으로
섬의 숨결에 깊이 잠든다

쇠보다 강한 꽃

쇳덩이 틈새를 비집고
민들레 씨앗 하나 피어납니다

목이 기다란 노란 우산을 펼치며
이 땅에 조용히 속삭입니다
강해야 산다고
빛을 향해 흔들리지 말라고

방진복, 방독면을 두른 사람들,
등불을 매단 채 어두운 통 속으로
천천히 빨려 들어갑니다

생명줄에 의지하여
거미줄 같은 어둠 속을 헤집으며
또 다른 빛을 찾아갑니다

다랑논에 모심는 날

이른 아침 싸리문 열리면
강아지 앞서 달려가고
미풍에 실려 온 물결은
바지게 못단 위에서 춤춘다

새참 막걸리에 웃음꽃 피어나고
철수 아버지는 못줄을 잡고
영수 아버지는 모를 심는다
한마음 한뜻으로 손발이 척척 맞아도
거머리에 놀란 가슴 쓸어내린다

논두렁에 차려진 모 밥상
갈치와 고등어 냄새 풍겨오니
허기진 배는 흥겨움으로 채워진다
해가 서쪽으로 기울어 갈 때
못단은 하나둘 자취를 감춘다

무맛

무 한 조각 무맛은
산삼보다 귀하다던 할머니의 말씀이
귓가에 박힌 못처럼 잊히지 않습니다

무 시루떡, 무밥,
그 속에 녹아든 가족의 사랑은
할머니, 어머니,
그리고 아내의 손을 거쳐 흐릅니다

동치미, 생채, 깍두기, 뭇국, 생선조림
그 모든 음식에 깃든 당신들의 손맛
어머니 밭에 무가 무럭무럭 자랄 때
함께 깊어가던 기침 소리

언 땅 긴긴 겨울을 모질게 견딘 무청처럼
어머니의 육신도 그리 사그라져갔습니다
차가운 바람 스며든 무 한 조각에서
그해 겨울의 노래가 들려옵니다

정을 실어 나르는 마을버스

단풍잎 햇살에 반짝이며
도심을 내려다보는 주차장
그늘 하나 없는 텅 빈 낮
덩그러니 마을버스만 서 있다

앞집 노파도, 등 굽은 노인도
조심스레 버스에 오르네
버스가 멈추기 전엔 일어서지 마세요
기사님 당부가 공기 속에 울리지만
아무도 대답하지 않는다

정을 담은 사람들이 앉은 마을버스는
조용히 도심 속으로 미끄러져 내려간다
등받이를 꽉 쥔 노파의 손
말 대신 몸으로 지켜내는 중이다

떡비 내리는 날의 추억

떡비 내려 고요히 젖은
고샅길 숨을 고르고
빈 손수레를 밀며 오르니
산과 들녘은 단풍으로 흠뻑 젖어 있었지

누렇게 바랜 풀 사이 숨은
맷돌 호박 덩이를 찾는 추억에

누렁 풀, 누렁 호박
발로 풀을 눕히니 드러나는 빛깔
자기 몸을 뽐내듯 뒹구는 호박
세월의 무늬가 그 위에 얹혀 있네

누렁 호박을 손수레에 담아 내려오는 길
떡비는 고요히 세상을 적시고
내 마음에도 누렁 호박 하나 익어가네

해돋이에 젖은 노부부

새벽 공원 두 그림자
옷깃을 여미며
한 줌의 정적을 깬다

세월의 강을 함께 건너온
두 마음 서로의 지팡이 되어
지팡이 끝에 매달린
빛 한 조각이 먼저 길을 비춘다

깊은 주름 속 굳은살 박인 손 위
아침 해 고요히 내려앉는다
수많은 날의 그림자가
하나 되어 붉게 타오른다

등나무 의자 나란히 앉은 두 노인
그 눈빛은
또 다른 새벽을 기다린다

몽돌에 새긴 다짐

간밤 어둠을 밀어내며
부드럽게 세상을 감싸는
돋은 별, 상서로운 숨결을 느낀다

새날을 맞으며 소원을 품고자
긴 밤을 눈뜨고 견뎌냈다

무거운 눈꺼풀 들어 저 지평선 바라보며
해돋이 불빛 속에
몽돌밭에 간절한 마음을 얹는다
철썩, 철썩 촤르르, 자글자글
파도에 휩쓸려 구르는 몽돌 소리

나는 그중 하나 집어 들어
밀물에도, 썰물에도
깎여나가지 않을 소망 하나
깊이 새겨 넣는다

바람은 보이질 않아도

바다가 요동칠 때 그 격렬한 숨결은
세상의 모든 슬픔을 토해내는 듯

지구의 심장마저 멈추게 하려 하지만
바람은 보이질 않습니다

바람은 파도 깊숙이 스며들어
그 분노를 잠재우고
삶의 거친 풍랑 속에서
우리는 바람과 맞서려 합니다

배를 능숙하게 몰아가는 노련한 뱃사람은
바람을 품고 나아갑니다

강한 바람이 불지 않는다면 바다는
그저 갇힌 물에 불과하듯
인생 또한 거친 시련 없이는 빛을 잃습니다

밥풀에 담긴 정

밥풀이 밥상에 떨어졌다
누가 보든지 말든지 개의치 않고
밥풀을 냉큼 주워 먹었다

나도 나이를 먹었나 밥풀을 흘릴 때가 종종 있다
밥을 입에 털어 넣고 어머니의 말을 꼭꼭 되씹고 있다

아야, 느그들은 어째 맨날 밥풀을 흘리냐
턱주가리가 없냐
밥상 앞에서 어머니의 강의 주제는 밥풀이다
농부의 피란 말을 귀에 못이 박이도록 들었다

평생 어머니는
새끼들이 흘린 밥풀을 주워 먹었다
쌀 한 톨이 귀했던 시절이 있었다
밥풀에 깃든 어머니의 사랑
나도 밥풀을 습관처럼 주워 먹는다

5

노을에 스미다

산 그림자 밟아 오르는 길
먼저 온 산바람이
지친 걸음 감싸안아 주네

저만치 노을에 물든 농막
푸른 소나무 그늘
초롱초롱한 눈빛 염소 몇 마리
낯선 나를 맞이하네

켜켜이 얹힌 거미줄 가득한 빈방
허전한 보따리 내려두고
가슴에 담은 노을빛 바다
그 속으로 배 한 척 고요히 흘러가네

마파람 실어 온 저녁
솔가지 모아 불을 지피니
간절한 생각 한 줌에
뜨거운 눈물 함께 타오르네

꿈의 여정

꿈은 붙잡지 마라
붙잡는 순간 숨이 멎고
사유 잃은 그림자가 될 테니

꿈은 꿈이어야 한다
가슴에 살아 숨 쉬며
쫓는 자의 발자취를 따라
마침내 흔적을 남겨야 한다

꿈은 사방으로 흩어지고
나는 그 길을 좇아 헤매었다
세월이 흘러 늙음을 한탄해도
한 번쯤은 이루고 싶었다

세월은 낡은 책장처럼
누렇게 바래어 가는데
꿈은 여전히 방황하며
나를 데리고 어디론가 흐른다

시들지 않는 향기

햇살 깔린 바다 위로
종이배 하나 흘러간다
고요한 듯 평화로운 물결
윤슬은 반짝이고
갈매기 울음은 웃음인지
울음인지 분간할 수 없네

그러나 말없이 맹골수도
깊은 물살 속에
힘없이 가라앉아 버린 작은 꿈들
누가 향기 잃은 꽃이라 했나
그저 깊은 잠에 빠졌을 뿐
너의 향기는 영원히
시들지 않으리라

인연

혼자는 살 수 없다
사람은 서로 연을 맺으며 살아간다

하지만 그 연이란
쉽게 맺히지 않는다.
서로의 개성이 다르기 때문이다

진한 연을 맺으려면
훨훨 타오르는 모닥불처럼
뜨거운 마음을 가진 이를 만나야 한다

가깝지도 멀지도 않은
적당한 거리에서
따뜻이 맞아 주는 사람
그런 사람이라면 참 좋겠다

삶은 연극이다

가로등 불빛 아래
새벽 찬 공기 한 모금 들이키며
골목을 빠져나와
공원길을 터벅터벅 걷는다

지상에 모여든 도시인들
가면을 쓰고 객석을 채운다
연기자는 해돋이의 빛,
관객은 세상의 사람들과 사물들이다

막이 오르자
해돋이의 빛 속에서
환호성이 터진다

노신사 부부는 소원을 빌 듯 합창하고
따스이 맞잡은 두 손이 떨린다
연인들은 서로를 안아
사랑을 맹세한다

풍요로운 마음

들녘에 황금물결
일렁이며 속삭인다

알알이 여물어 가는 곡식 낟알은
농부의 흥겨운 노래가 되어
풍년이라 고운 숨결로 읊조린다

콧노래 번져 집마다
낟가리 높이 쌓이고,
홀태에 흘러내린
황금 알갱이들은
저녁 노을빛에 물들어 간다

고즈넉한 골목길
막걸리 한 사발에 취한 농부
추녀 그늘에 바지게를 내려놓고
풍요로운 낮잠 속에 잠겨 든다

계곡에 번진 웃음

물 만난 아이들 넷,
신바람에 물장구치면
너울은 파장을 일으키고
부챗살빛이 숲에 쏟아진다

조잘조잘 웃음 따라
발 담근 할아버지
깜짝 놀란 고기 떼들
흩어졌다 모였다
가랑이 사이로 스쳐 간다

고기 떼 쫓다가
허탈한 웃음 지은 아이들
돌 지난 외손녀까지 합세해
계곡은 한바탕 웃음으로 출렁인다

풀잎에 젖은 그리움

가을빛 스며드는 고샅길
풀벌레 소리 아련히 젖어든다
슬픔을 덮는 밤의 장막 아래
그대 향한 그리움이 꽃처럼 피어난다

발길 멈추어 풀잎을 헤치니
한 시절 꺾인 작은 숨결
웃음 짓듯 맑게 반짝이며
무거운 마음을 다독인다

차가운 손끝에 닿은 이슬
울음의 흔적 고요히 스며들어
사무치는 아픔으로 깊이 젖고
그리움은 무게를 얻는다

등 돌린 쓸쓸한 노송에 기대어
그대의 어깨를 떠올린다

먼바다 등불처럼 흔들리며
내 마음 깊은 물결을 일렁인다

그리움 찾으려 부른 노래

그리움은
끝내 닿지 못한 저편에
조심스레 마음의 선을 그어 남긴다

무너져 내린 모래톱처럼
손끝에서 흩어지는 시간들
그러나 바다는 언제나
묵묵히 푸른 숨결을 내쉰다

등대의 빛마저 소금에 젖어
흔들림 없는 지킴이가 되고
갯바위에 피어난 해국과
해당화의 웃음은
오래된 기다림을 품는다

그리움이 파도처럼 번져 드는 바다
나는 그 깊은 물결 속에서

다시 한번
너의 이름을 부른다

삶의 향기

봄바람 일자
낡은 보일러를 뜯어낸다

바람에도 식지 않는
뜨거운 열기,
그 열기를 끌어안고
쇳덩이들을 부순다

후끈한 열기에 감전된 몸,
작업복 위 하얀 소금꽃은
별처럼 반짝인다

짭조름한 소금꽃 피어
고단한 삶을 위로하고
삶의 향기로 피어난다

별이 된 조각들

세상이여,
그대는 날로 뻔뻔해지고
삶마저 메말라 숨쉬기조차 버겁다

모두가 달려가는데
나의 시간은 제자리에서만 맴돌고
그 발자국들은 길바닥에
널브러져 쌓여간다

닳아 부서진 눈물의 조각
그것을 닦아내려 할수록
손끝마다 스며드는 상처 이젠
다리마저 풀려 서 있는 일조차 힘겹다

그러나 메말라가는 세상의 틈에서
끝내 사라지지 않는 작은 빛
눈물의 조각들이 다시 모여
별이 되리라

춤추는 가을

은빛 억새가 바람에 몸을 맡기며
춤사위를 펼친다

풀벌레의 떨리는 울음은
들숨과 날숨처럼 숲을 채우고
그 울림은 나뭇잎 사이를 오가며
숲 속의 무수한 씨앗을 부른다

멧돼지와 노루, 토끼와 새들이
도토리와 밤,
호두와 솔방울을 털끝에 매달고
숲에서 숲으로 길을 잇는다

새의 날갯짓은 곧 씨앗의 길이 되고
숲은 다시 숲을 품는다

가을 숲이 소중한 까닭을
나는 숲길을 걸을 때마다 배운다

노을빛에 새겨 놓은 추억

시월의 끝자락,
우리는 낭만을 품고 길에 올랐다

코로나가 앗아간 시간,
되돌릴 수 없는 공백은 남았지만
숨 막히던 억압은 저물어가고
홀가분한 바람만 남았다

버스 창밖엔 가을빛이 흐르고
하늘 위엔 새털구름이 춤추며
바다 위 섬들은 파도에 흔들리고
뱃머리는 갈매기를 따라 나간다

노을빛 윤슬이 번지는 마을에서
우리는 별을 세며 웃음꽃을 피우고
청춘의 기억을 조용히 새겼다.

가을의 숨결

아침 공기에 투명한 빛이 스며들고
가슴 깊은 곳까지 맑은 기운이 차오른다
한낮의 볕이 뜨겁게 내려앉아도
남은 여름은 서서히 밀려난다

바람 끝자락에 실려 온
서늘한 계절의 약속이
볼을 스치며 다정한 인사를 건넨다

해는 서쪽으로 더욱 기울고
달은 더 둥글게 빛을 더하며
하늘을 한없이 높게 띄운다
새털처럼 가벼운 구름 몇 조각

언덕 위 희미한 달빛과
수평선에 물든 황금빛 풍경을 바라보니
가을은 이미 내 곁에 와
소리 없이 마음을 적시고 있었다

그림의 의미

밤새 거실 바닥을 화폭 삼아
아이 넷이 남긴 점과 선, 그리고 숨결
그림은 단순한 모양이 아니라
아이들의 호흡과 꿈 깊은 시간의 흔적이 된다

점은 우주의 씨앗처럼 번져가고
선은 서로의 마음을 잇는 다리가 되며
색은 물감 없이도 맑은 웃음으로 번져난다

젖을 찾는 아기의 울음조차
덧칠된 리듬이 되어
그림에 또 하나의 생명을 불어넣는다

이 밤의 추상화는
캔버스가 아닌 삶 위에 피어난 예술
살아 움직이며 우리 곁에서 자라나는
삶의 증거를 거실 바닥 화폭에 그려 놓는다

고요한 아침

풀벌레 울음소리 아직 남아 있는
산중 요양원 마당에
하얀 안개 자욱이 피어오르네
새벽 공기 가득한 생명의 숨결

놀란 풀벌레들 흩어지고
꽃잎에 잠든 나비, 날개 쳐 솟구치네
잠 깬 잠자리, 사마귀, 메뚜기
나뭇가지 위 새들마저 혼비백산
하얀 안개 헤치고 달아나는 그림자들

햇살 반쯤 내려앉은 마당에
안개 걷히고
시원한 바람 한 줄기 불어오니
창틈으로 새어 나오는
노인들의 환한 웃음소리
금빛으로 반짝이는 아침이 시작되네

봄날 그대 앞에

해풍 익살스러운 봄날,
그대를 만나러 가는 길에
내 마음도 봄비로 젖어드네

는개에 젖은 풀잎
노루귀, 복수초, 변산바람꽃
는개 머금은 채 해풍에 몸을 맡기니
그 고운 흔들림 따라 내 마음도 흔들리네

그대 앞에 몸을 낮추어 큰절 올리니
비로소 보이는 세상의 귀한 것

세상이 변해도
그대는 그 자리 지키네
나 또한 그대처럼
변치 않는 향기 품고 싶네

가을 단편

얼룩진 수건 머리에 쓰신 할머니는
청솔가지 끌어 금불을 지핀다
사립문을 나서는 뿌연 연기는
집 떠난 자식들 마중하러 동구 밖까지 간다

울타리 탱자 노랗게 익고
장독 뒤 모과도 노랗게 익는다
돌담 아래 석류는 수줍은 듯 터지고
고추잠자리 떼 꼬리를 물고 빙빙 돈다
할머니는 찌든 창호지를 놋수저로 떼어내고
풀 먹인 새 한지를 곱게 입힌다

밤잠 설친 머리맡엔 새 옷 한 벌
달빛이 토방에 걸터앉아 어둠 지키고
허수아비도 새 옷으로 갈아입고 허공에 손짓한다
싸리문 소리에 할머니 맨발로 뛰쳐나가신다

가을이 익어가는 곳

투명한 햇살 아래
들풀은 속삭이고
바람은 그 서정을 실어 나르네

한낮의 열기 속에서도 가을은
귀뚜라미와 여치의 노래로
황홀한 잔치를 펼치네

새털구름은 황금빛으로 물들고
들꽃은 고요히 피어나
가을의 옷을 갈아입는다

풍요의 기운이 가슴에 차오르는 시간
모든 것이 익어가는
가을 풍경이 된다

6

사랑을 탐내는 아이들

옥돌 같은 사내아이 셋
엄마 닮은 여동생을 에워싸네

갓 태어난 아기를
빼앗길까 두려운 마음에
서로 먼저 품으려 작은 자리다툼이 이어진다

그러던 어느 순간
아기의 황금빛 똥이
매캐한 냄새와 함께 찾아오자
아이들 발걸음은 저만치 물러선다

쓴웃음 속에 퍼지는 향기
아이들 마음에
따끔한 일침을 남긴다

떡국에 담긴 사연

새하얀 떡국 한 그릇에
또 한 해를 올려놓는다

떡메 치는 할아버지의 힘찬 팔
가래떡 늘리는 할머니의 고운 손

참기름 향 스민 흰 가래떡을
구멍 난 광주리에
나이 한 살 곱게 포갠다

섣달그믐 깊은 밤
꾸들꾸들한 가래떡 썰며
지난 설움 조용히 풀어내시던 할머니

때때옷 차려입고
떡국 한 그릇 비우고 나면
어느새 한 살 더 먹었다고
철없이 웃던 나

어머니의 그네

붉은 지붕 처마 끝에
아침노을 들 때면
어머니는 꽃잎 엮듯
소금꽃 핀 생선 한 줌을
빨랫줄에 매달아 그네 태우셨네

명절 잔치 흥에 겨워 고된 삶 잊으라
마른 생선으로 끓인 국에
온 식구 배불리 먹이고
고단한 미소 짓던 그 사랑,
어떤 진미보다 깊었네

이제는 더 이상 빈 줄에
생선 그네는 없고
바람이 휘젓는 허공에
어머니의 그리움만
한없이 출렁이네

손녀의 미소

손녀의 미소
달빛 스며드는 창가에
나는 너를 바라본다

고운 주름이 접히는 눈가와
오뚝한 코끝에
젊은 날 네 어미의 모습이 머문다

송편 같은 단정한 입술엔
반달 같은 다정한 웃음이 담기고
보름달 같은 환한 얼굴은
세상 가장 큰 사랑을 비춘다

너의 미소 한 조각이
우리 모두의 마음을 밝힌다

노파는 풍경을 널고 있다

붉은 햇살이 빨간 지붕 위로
조금씩 깔릴 때쯤 노파는
오늘도 붉은 소쿠리를 들고
장독대로 오른다

갓 피어난 햇살 한 줌
손안에 고이 쥐고 먼 산을 본다

붉은 고추는 바구니에 담고
뱃살 하얀 늙은 가지는
빨랫줄에 널고 애호박 무말랭이는
붉은 지붕 위로 펼쳐 놓는다

이슬 맺힌 생선 바구니
처마 끝에 매달아 놓으니
윤슬 빛이 반짝인다
바람결에 노파의 흰 머리칼도 반짝인다

따뜻한 어머니의 손

숲 속 가을 예배당에 음악이 흐른다
낯선 이들 하나둘 모여든다
막이 오르자 요양원 어르신들 눈꺼풀만 무겁다

나는 그 마음 알지 못해 그저 곁에 앉아
떨어질까, 흔들릴까 손을 꼭 붙잡는다
뼈마디만 남은 손등에 온기가 식어가고

천장 위 흔들리는 불빛,
멈춘 시간처럼 고요히 흐르는 순간
그 아래서 나는 어머니의 숨결을 느낀다
어느새 가을비는 숲과 마음을 적시고

그리움은 젖은 낙엽처럼 번져가고
그리움 끝에 피어나는 어머니의 숨결
그 사랑은 지금도 내 안에서 살아 흐른다

새해 첫날

그믐밤,
창가에 기대어
가늘게 매달린 손톱달을 바라봅니다

지나온 날의 고단함이 먼지처럼 쌓인
어깨를 조용히 내려놓고
달빛 아래 흐르는 바람에
내 마음도 풀어헤쳐 봅니다

새벽바람에 흔들리는 가지처럼
흔들리던 나의 어제는
밤의 장막 속으로 흘려보내고,
텅 빈 거리에 희미한 불빛 하나
쓸쓸히 남아 나를 위로합니다

그러나 더 이상 아프지 않습니다
어둠이 깊어질수록 새로운 빛이
가까이 오고 있음을 알기에

동이 트기 전 가장 깊은 어둠,
그 차가운 공기를 깊이 들이마십니다
새로운 아침을 기다리는
세상 모든 것의 숨결이 느껴집니다

이윽고 어둠을 털고 일어선 나는
가슴 가득 햇살 한 줌을 품습니다
따뜻한 온기가 온몸에 퍼져
다시 살아갈 힘을 건넵니다

세상 문 앞에서 묵은 그림자를 뒤로하고
새로운 나를 향해 첫발을 내딛습니다
아직은 낯설고 어색한 길이지만
내 안의 작은 용기가 속삭입니다

괜찮아, 이제 시작이야
어제의 내가 오늘을 만들었듯
오늘의 내가 내일을 만들어 갈 테니

잊힌 이름

널 기억하지 못했다
두 손을 끌어 붙잡고
더듬더듬 네 얼굴을 만져도
희미한 기억 속 이름 하나 부르지 못했다

다시 돌아갈 수 없는 시간 저편에
너와 내가 서 있고,
무성한 잡초만 남은 기울어진 운동장엔
코 흘리던 아이들 흔적 없네

기울어진 햇살 한 조각 아래
뛰놀던 아우성만 메아리가 되어
하늘 위를 펄럭이며 날아다닌다

흐르는 세월 이길 수 없다고
서로의 얼굴이 변해 잊힐지라도
달팽이처럼 느릿느릿 함께 살자 우리

넌 엄마 모습이야

보조개로 웃는 아가야,
둥근 얼굴 위 붉은 사과 같은
그 보조개가 참 예쁘구나

이마도, 눈도, 작은 손가락마저
엄마의 숨결을 빼닮았네

풀잎처럼 흩날리는 머리칼
배고파 보채는 울음
젖병을 물고 잠든 얼굴까지도
엄마의 그림자 같구나

아가야,
너는 사랑받기 위해
이 세상에 왔다

봄을 여는 소리

겨울의 긴 숨 참아 웅크렸던
흙의 근육이 스르르 풀린다
굳게 닫혔던 뿌리의 문을 흔드니
나무는 깨어나 기지개 켜고
늙은 농부의 손은
흙의 근육을 어루만져 밭고랑을 낸다
어머니들 모여 앉아
정겹게 잡초를 뽑아 준다
앙상한 가지 끝에
주렁주렁 매달린 봄의 기운
파릇파릇 돋아나는 세상에
마음도 덩달아 활짝 웃는다
겨울잠에서 깨어난 들풀들이
하늘 향해 팔을 뻗는 순간
산과 들에 아지랑이 피어나니
내 마음도 노곤하게 봄잠에 취한다

노파의 긴 한숨

햇살이 앞산에 눕는 시간
자투리 밭에 인기척이 들려온다

유난히 추운 날
앞집 할머니는 무를 뽑고 있다

굽은 허리 위에 햇살이 반쯤 걸터앉고
낡은 수건에 햇살 한 줌 쑤셔 넣고서
먼저 보낸 사연 하나 앉혀둔다

앙상한 몸은 무밭 도랑에 묻히고
세월의 신음인지 콧노래인지 모를 소리가
정지된 풍경 속에 맴돈다

할머니는 서리 맞은 무를 뽑아
밭둑에 주저앉혀 늘어놓는다

소금에 젖은 빵

코딱지만 한 단칸방에
누워 있는 새끼들을 바라보며
어머니는 옷을 주섬주섬 걸쳐 입으신다

창백한 얼굴,
멀어져 가는 어머니의 체온,
동틀 무렵 희끄무레한 시간 속에
어머니는 남정네들 속에 섞여
벽돌을 찍어 나르신다

왜소한 체구에 허리 펼 틈 없으신 어머니
배고파 보채는 동생들을 앞세우고
어머니의 그림자를 따라간다

아이들은 어제도, 오늘도 햇살 속에 그을린
어머니 얼굴만을 빤히 쳐다본다

어머니는 소금에 젖은 빵 한 봉지,
온기로 가득 찬 우유 하나 건넨다

어머니는 막걸리 한 사발로
남정네들과 허기를 달래신다

화장기 없는 얼굴
분 냄새, 한 번 풍기지 않았던 어머니
땀 냄새, 막걸리 발효 냄새
그것이 곧 어머니의 향기였다

해거름에 어머니는 집으로 돌아와
백열등 빛 아래서 어머니는 저녁을 지으신다

보리쌀 한 바가지 쌀 한 움큼 섞어 밥을 짓고
녹슨 풍로에서 기름 타는 냄새는
어머니의 한숨마저 태워버리고 말았다

어머니의 기도

아버지와 어머니는
근심 반, 걱정 반,
결정짓지 못한 사연 하나 안고
뜬눈으로 밤을 지새우셨다

아버지는 너덜너덜한 가방 하나 둘러메고
동살빛 물드는 선착장에 들어선다

분주히 움직이는 뱃사람들 사이로
출항의 깃발이 펄럭이고
바닷새들은 고깃배를 배웅하며
풍어를 기원하듯 날개 치며 노래한다

어머니는 정화수 떠놓고
두 손 모아 무사 귀환을 빌며
밤마다 하늘에 마음을 걸어 두신다

흑백 주파수에 흘러나오는 일기예보
그 소리에 귀 기울이며
어머니의 한숨에 또 한밤이 지나간다

밀물 때나 썰물 때나
뱃고동 소리에 놀란 가슴 쓸어내리시는 어머니

갈매기 떼 뱃길 따라 모여들고
선창에는 만선의 깃발이 펄럭인다

그 깃발 아래,
아버지의 환한 미소가 있다

그 미소는 곧,
아버지의 만선의 기쁨이다.

너를 만나고 싶었다

너를 만나려 공원 길을 걷다
발걸음을 멈춘 자리에
내 키에 꼭 맞는 나무가 서 있었다

여린 가지 하나
장난스럽게 옆구리를 찔렀다
그때가 언제였던가
나는 오래, 오래 묻고 있었다

기억의 저편을 더듬는다
나는 세상의 온갖 고초를 겪었고
돌고 돌아
다시 그 자리에 서 있었다

살아온 날들
발가락이 멍들어 발톱이 빠지고
손가락이 잘려 나가며
견딜 수 없는 고통 속을 지나왔다

너는
그런 상처를 겪어본 적 있는가
그 아픔이 나를 얼마나 흔들었는지
나는 알고 싶다

너의 등에 기대어 조용히 물어보고 싶다

바람은 보이지 않아도
흔들림으로 말을 한다
그 흔들림 속에서 나는 깨달았다

만남은, 언제나
이미 겪어온 것들의 재회라는 것을.

너를 만나고 싶었다
그리고 다시 또, 만나고 싶다

상처들로 쌓인 내 마음을 대고
너의 손등 위에 내 손을 얹어본다.

그리하여 서로의 상처가
서로를 지탱하는 한 겹의 살이 되기를

비도 눈물을 흘린다

쏟아져 내리는 빗줄기 속에서
가슴을 짓눌린 고단한 삶의 무게가
하늘을 흔들어 눈물이 되었을까
세상의 고단한 상처들을
조금이나마 씻어내고 싶어서
그토록 흐느끼는 것일까
저 슬픔은 누구의 몫인가
살아오며 젖지 않은 사람이 어디 있으랴
울지 않은 사람이 어디 있으랴
비는 묵묵히 말해준다
슬픔도 삶의 일부라고
아픔도 삶의 일부라고
그러니 비를 탓하지 마라
그 눈물 속에 네 눈물이 있고
그 눈물 속에 내 눈물이 있으니

빛이 살아 있는 풍경

햇볕에 그을린 고깃배들이
은빛 윤슬 안고 떠도는 유람선들 사이로
비릿한 갯내음 풍기며 흐른다

어둠이 내리면, 사장교에 불이 켜지고
별빛, 달빛, 유람선과 가로등 불빛까지
하나둘씩 빛을 밝힌다

경관 조명에 묻힌 섬이
치맛자락 감싸안은 듯 고요하고
유람선 불빛이 섬을 부드럽게 감싼다

공원 불빛 아래 풀여치와 귀뚜라미 울음소리
밤이 깊어질수록
살아있는 빛들이 바다 위에서
너울너울 춤춘다

사랑이란

사랑 속에는 가난도 있고 행복도 있다
세상 살아갈 힘이 없는 것이 아니라
사랑이 부족해 살아갈 힘이 없는 것이다
사랑을 베풀어 채워가는 것이다

꽃을 피우는 봄바람도
열매를 맺게 한 바람도
사랑의 소중함을 알고 있다.

사랑을 품은 꽃이 먼저 떨어져야
열매가 주렁주렁 열린다

삶도 사랑도 우리가 만들어 간다
누가 만들어주지는 않는다
사랑 없는 삶은 힘들다
사랑을 베풀고 만들어 가는 것이다

첫 시험날

평생 처음 보는 시험 앞에 서서
문제들을 풀어놓고 밤을 지새웠네
야밤마저 씹어 삼키고 답을 먹어버렸다
천근만근 무거운 눈꺼풀
먹구름 낀 하늘이 곧 비를 토할 것 같다

포기할 수 없어 아팠던 날들
다시는 돌아오지 마라
오월의 갈증 속에 타들어 가던 마음에
천둥 번개가 치고 비가 내린다

내게 주어진 시간은 변함없는데
기억 저편에 가두었던 문제들을
하나씩 꺼내는 것도 버거웠다

남은 시간 속에 갇혀버린 나는
후회도 미련도 없이 헝클어진 실타래를 풀듯
문제를 풀어놓고 그 모든 것을 삼켜버렸다

마르지 않는 마음

삶의 무게를 모르는 새 수건
어머니의 오랜 세월을 머금은
땀방울과 눈물 자국까지
아버지의 훈장처럼 빛나는
참전용사 그날의 고통을
새겨 넣은 빛바랜 수건 한 장

어머니의 팔순 잔치
잔잔한 기쁨 뒤에
궁핍한 세월의 흔적을 감추고
자식들을 위해 땀 흘리던 삶
낡은 수건이 간직한 흡수성이란
사랑의 다른 이름이었다
마르지 않는 어머니의 사랑
수건에 스며들어 영원히 숨쉰다

맺는말

시집 한 권을 독자 앞에 내놓기까지 반세기가 넘는 시간이 흘렀습니다. 그 오랜 세월은 결코 순탄하지 않았으며, 삶의 숱한 시련과 우여곡절을 시와 함께 헤쳐왔습니다. '맹수는 가죽을 남기고, 사람은 이름을 남긴다'는 말처럼, 저 또한 세상에 이름 대신 시를 남기고자 붓을 놓지 않았습니다.

그러나 고된 노동의 일상은 시를 쓸 여백을 허락하지 않았고, 시인의 길은 더욱 더디고 고단했습니다. 시를 쓰면서도 시적 표현을 깨치지 못하고, 좋은 시를 향한 갈망만 앞서던 때도 있었습니다. 충분한 습작의 과정 없이 성과만을 바랐던 지난날은 부끄럽지만, 결국 포기하지 않았다는 사실이 오늘에 이르게 한 굳건한 힘이 되었습니다. 지금껏 써온 작품들을 하나하나 다시 읽고 다듬는 과정을 통해, 제 삶을 번역하듯 풀어낸 서정의 기록들을 새삼 확인할 수 있었습니다.

그리하여 마침내 115편의 시를 엄선하여 이 첫 시집으로 엮어냅니다.

비록 이 시집이 독자 앞에서 어떤 평가를 받게 되더라

도, 이는 제 삶을 오롯이 우려낸 서정의 결실임을 분명히 밝히고자 합니다. 혹평이 뒤따른다 해도 결코 흔들리지 않겠습니다. 시는 곧 저의 삶이며, 삶이 곧 저의 시이기 때문입니다.

이 자리를 빌려, 긴 여정 끝에 이 책이 세상의 빛을 볼 수 있도록 가장 큰 힘이 되어준 아내와 자녀들에게 진심으로 깊은 감사를 전합니다.

또한 여러 모양으로 마음을 보태 주신 모든 분들의 은혜를 일일이 다 헤아릴 수는 없으나, 그 고마움을 마음 깊이 새기겠습니다.

시평

버티는 삶의 품격을 노래하는 생활 서정
-해드림출판사 대표 이승훈

강원 시인의 시 세계는 한마디로 말해, "가난과 노동, 상처와 그리움이 빚어낸 따뜻한 인간학"입니다. 이 시들에는 화려한 수사가 거의 없습니다. 대신, 오래 일한 손의 굳은살처럼, 삶의 현장에서 길어 올린 구체적 이미지와 땀 냄새 나는 언어가 촘촘하게 박혀 있습니다. 읽는 이의 마음에 조용히, 그러나 오래 남는 울림을 주는 시들입니다.

1. 가난과 노동을 미화하지 않되, 품위 있게 기록하는 시인

강원 시인의 시에는 반복해서 등장하는 배경이 있습니다.

갯가, 공장, 공사판, 목수의 현장, 오일장, 변두리 골목, 소규모 역, 다랑논, 비닐하우스, 그리고 밥을 "분양받는 사람들"이 줄지어 선 골목까지.

이것은 단순한 풍경 묘사가 아니라, "먹고사는 일"의 전면화입니다.

「마음의 상처가 더 아팠다」의 소년은 학교 대신 갯가로 향하는 아이이고,

「소년의 겨울은 혹독했다」, 「겨울은 혹독했다」, 「먹고사는 일이 없었다면」, 「소금꽃이 맺은 삶」, 「삶의 향기는 짜다」, 「노동자의 불꽃」, 「나는 목수였다」 같은 작품들은 모두, '몸으로 버티는 삶'이 얼마나 치열하고 고단한지, 그러나 그 속에 어떤 품위와 자존이 서 있는지 보여줍니다.

이 시들은 가난과 노동을 낭만화하거나 미화하지 않습니다.

"일용직 노동자의 내일은 / 기약이 없었으니까요",

"입에 넣는 밥알의 질감조차 / 내 운명처럼 무거웠

다" 같은 표현은, 감상에 빠지지 않고 현실의 무게를 정면으로 응시하는 문장입니다.

그러나 놀라운 점은, 이 현실 인식이 냉소나 절망으로 끝나지 않는다는 것입니다.

노동자의 땀은 "짠맛 나는 삶"이지만, 그 짠맛을 통해 "삶의 맛은 땀이 결정"된다는 깨달음으로 이어지고, "작업복엔 어느새 하얀 소금꽃 피어난다"는 구절은 땀 자국을 소금꽃으로 바꾸어 부르는, 존중과 애정의 은유입니다.

강원 시인은 절망 속에서도 인간이 잃지 않는 품위, 다시 말해 "버티는 존엄"을 포착합니다. 이것이 이 시 세계의 가장 큰 미덕이라 할 수 있습니다.

2. 상처의 기록이 곧 치유의 언어가 되는 시

이 시들에는 상처와 아픔이 끝없이 등장합니다.

어린 시절의 가난, 학교에 가지 못한 기억, 어머니의

고된 노동, 동상 걸린 손가락, 무릎이 찢어진 소년, "소금에 젖은 빵"을 물고 설핏 웃어야 했던 아이들, "밥을 분양받는 사람들"의 줄.

하지만 강원 시인은 상처를 그저 토로하거나, 비극적으로만 들려주지 않습니다.

상처는 이 시 안에서 "삶의 증표"이자 "단단해지는 과정"으로 재해석됩니다.

「멈춰 서서」에서 "이 아픔조차 / 살아온 날들의 증표이자 / 고단했던 삶의 훈장이다"라고 말할 때,

「강한 삶」에서 "세상 마디마디 박힌 상처의 흔적들이 / 썩지 않는 옹이처럼 내 안에 박혀 / 삶의 아픔을 견딜수록 / 내 마음을 더 강하게 만들고 있다는 것을"이라고 적을 때,

상처는 더 이상 숨기고 싶은 흉터가 아니라, 버텨온 시간의 무늬가 됩니다.

또한 「나만의 속도로」, 「삶의 무게를 견디는 힘」, 「내 몸이 나이다」 같은 시들은, 인생의 후반부에 이른 화

자가 자기 자신을 되돌아보며, 여전히 살아내고자 하는 의지를 조용히 다지는 내면 독백처럼 읽힙니다.

이러한 시적 목소리는 독자에게 "함부로 위로하지 않으면서도 곁에 서 주는 언어"로 다가옵니다.

3. 어머니와 노인, 아이와 노동자에게로 향한 따뜻한 시선

강원 시인에게는 분명한 '시적 약자 편향'이 있습니다.

어머니,

노파,

손녀,

골목의 노인들,

노인요양원의 어르신들,

밥을 분양받는 사람들,

변두리 골목의 노동자,

마을버스를 타는 노인,

장터에서 봄동을 파는 할머니.

이 인물들은 모두 화려한 서사의 중심이 아니라, 세상의 변두리에서 조용히 버티는 존재들입니다.

그러나 시인의 시선 아래에서, 그들은 누구보다도 뚜렷한 얼굴과 이야기를 얻습니다.

「소금에 젖은 빵」 속 어머니,

「어머니의 그네」의 생선 널던 손,

「어머니의 기도」의 정화수 앞 기도,

「밥풀에 담긴 정」에서 "평생 어머니는 / 새끼들이 흘린 밥풀을 주워 먹었다"는 구절은, 일상의 장면을 통해 엄청난 사랑의 깊이를 드러냅니다.

또한,

「정차역」에서 빈손인 화자가 "오직 젊음, 몸 하나"로 인생 열차를 타는 장면,

「밥을 분양받는 사람들」에서 한 끼 밥을 받기 위해 줄 선 사람들의 모습,

「정을 실어 나르는 마을버스」에서 노파의 손이 "말 대신 몸으로 지켜내는 중"이라는 묘사는,

사회적 약자에 대한 따뜻하면서도 정직한 관찰입니다.

강원 시인의 시는, 거창한 이념 대신 눈높이를 낮춘 '사람의 시학'을 실천합니다.

4. 구체적 사물과 자연의 이미지로 빚어낸 서정성과 깊이

강원 시인은 추상적인 단어보다 사물과 풍경을 앞세우는 시인입니다. 시의 첫 줄부터 마지막 줄까지, 눈앞에 그려지는 화면이 매우 선명합니다.

검정 고무신, 옆구리 끼운 도시락, 연탄 두 장, 누런 봉지, 파란 백 원짜리, 장터의 튀밥, 봄동, 무 한 조각, 소금꽃 피어난 작업복, 낡은 의자 두 개, 빨랫줄에 널린 생선, 비닐하우스의 수박 모종, 다랑논의 못줄, 몽돌, 팥죽 위 살얼음.

이러한 구체물들은 단지 배경이 아니라, 기억의 촉수이자 감정의 매개체로 기능합니다.

예를 들어,

「소금꽃이 맺은 삶」과 「삶의 향기는 짜다」에서 땀 자국은 소금꽃이 되고,

「무맛」에서는 무 한 조각의 맛에 할머니, 어머니, 아내의 손맛과 기침 소리가 함께 묻어 있고,

「팥죽 위의 달빛」에서는 동짓날 팥죽 위 살얼음이, 가난했던 긴 겨울밤의 설움을 고요히 증언합니다.

한편, 자연 이미지도 단순한 장식이 아니라 인간의 감정을 비추는 거울로 쓰입니다.

「꽃도 아픔이 있다」의 짓이겨진 꽃잎,

「붉은 꽃」의 겨울 명자나무,

「보랏빛 사랑」의 제비꽃,

「쇠보다 강한 꽃」의 민들레,

「경계 없이 피어난 꽃」의 나팔꽃은, 모두 상처 입은 삶, 그러나 끝내 피어나는 생의 의지를 상징합니다.

또한 '빛'에 대한 감각도 두드러집니다.

「빛은 방향을 본다」, 「삶의 빛」, 「빛이 살아 있는 풍경」처럼,

빛은 단순한 조명 효과가 아니라, 희망, 나눔, 길 안내의 은유로 반복 등장하며, 전체 시 세계에 잔잔한 영적 밝기를 입힙니다.

5. 담백한 언어, 서사와 서정이 공존하는 시적 문체

강원 시인의 언어는 대체로 담백하고 구어에 가깝지만, 그 안에 서정과 통찰이 자연스럽게 녹아 있습니다.

문장 길이는 과도하게 늘어지지 않고, 행과 연이 짧게 끊기면서 리듬감을 유지합니다.

여러 시에서 짧은 결론부의 문장이 특히 인상적입니다.

"가난은, / 몸의 상처보다 마음을 더 아프게 했다",

"결국 삶은 나를 사랑하는 것이다",

"삶의 향기는 짜다",

"어머니의 사랑 / 나도 언제부터 밥풀을 습관처럼 주워 먹는다",

와 같은 마무리는, 설교처럼 들리지 않고 경험에서

길어 올린 조용한 진술이기에 더욱 설득력 있습니다.

또한, 많은 시들이 짧은 이야기(서사) 구조를 갖고 있다는 것도 특징입니다.

어린 시절의 한 장면,

노동 현장의 하루,

장터의 풍경,

가족들과의 추억,

어느 새벽, 어느 해질녘의 순간.

이야기를 따라가다 보면, 마지막 연에서 조용한 깨달음이 도착합니다. 이 구조 덕분에, 시를 많이 읽지 않는 독자도 쉽게 공감할 수 있고, 동시에 시적 깊이도 놓치지 않습니다.

6. 한 세대의 기억과 감정을 품은, 따뜻한 기록 문학으로서의 가치

강원 시인의 시를 묶어 읽다 보면, 이것은 단순한 개

인의 시집이 아니라, 한 시대, 한 계층, 한 지역을 살아낸 사람들의 집단 기억을 담은 기록처럼 느껴집니다.

가난했던 유년기,

산업화 시대의 노동과 공사판,

어머니 세대의 희생,

노년의 고독과 그리움,

골목과 장터, 섬과 바다, 논과 밭.

이 모든 것이 감상적 회고가 아니라, 정직한 '기억의 증언'으로 다시 살아납니다.

그렇기에 이 시들은 개인에게는 위로이고, 사회적으로는 "보이지 않는 사람들에 대한 증언"이 됩니다.

무엇보다, 이 많은 고통과 가난, 상처를 그려내면서도, 강원 시인은 끝내 "희망을 포기하지 않는 눈빛"을 잃지 않습니다.

잡초, 민들레, 제비꽃, 파란 백 원짜리, 밥풀, 소금꽃, 아이들의 웃음, 손녀의 미소, 노부부의 걸음, 새벽 해돋이 같은 이미지들은, 결국 이렇게 말하는 듯 합니다.

'삶은 고단하지만,

이 모든 것을 버텨온 마음에는

여전히 따뜻한 빛이 스며 있다.'

그 점에서 강원 시인의 시는, 노동시와 서정시, 가족시와 사회시를 아우르며, 읽는 이에게 "당신의 삶 역시 헛되지 않았다"라고 말해주는, 단단하고도 다정한 시 세계라 말할 수 있겠습니다.

7. 따라서

강원 시인의 시는 삶의 가장 낮은 자리에서 피어난 목소리를 품고 있습니다. 그는 가난과 노동, 상처와 외로움, 그리고 잊힌 사람들의 얼굴을 있는 그대로 바라보면서도 그 안에서 꺼지지 않는 인간의 존엄을 발견합니다. 그의 시는 화려한 미사여구보다 소박한 사물과 구체적 장면을 통해 삶의 진실을 드러내며, 고통을 미화하지 않으면서도 그 고통을 견딘 시간 속에서 단단해진 마음의 무늬를 따뜻하게 비추어냅니다. 그래서 그의 시를 읽는 일은 누군가의 이야기를 듣는 것이 아니라, 우리 모두의 내면에 남아 있는 오래된 상처와 기억을 마주하는 일에 가깝습니다.

따라서, 강원 시인의 시 세계는 "버티는 삶의 품위"를 정직하게 기록한 문학입니다. 그의 눈을 통해 우리는 잊어버렸던 삶의 깊이, 일상의 진실, 사람의 온기를 다시 떠올리게 됩니다. 고단한 하루를 지나온 이들에게 그의 시가 울림을 주는 이유도 여기에 있습니다. 강원 시인의 언어는 마치 오래 묵은 소금처럼 짭조름하고 따뜻하며, 상처 입은 삶을 다시 일으켜 세우는 조용한 힘을 품고 있습니다. 그의 시 세계는 결국 이렇게 말합니다.

'고단한 삶이라도, 그 안에 깃든 마음의 빛은 결코 사라지지 않는다.'